AF450269

POEMAS DEL FIN
DEL MUNDO

POEMAS DEL FIN DEL MUNDO

NORMA

normaconstanzaperdomogomez@gmail.com
Redes Sociales: norma_cpg

Poemas del Fin del Mundo.
ISBN: 978 628 01 5484 8
Año de publicación: 2024.
Primera edición.

Publicado en Colombia.

ÍNDICE

Prefacio, *15*

POEMAS VERDES

I. Me ofrendaron las flores…, *21*
II. Ella y tú…, *21*
III. Las aves viven…, *22*
IV. Una alfombra de rosas…, *23*
V. Los niños salen…, *23*
VI. El murmullo de la cascada…, *24*
VII. El agua cae…, *24*
VIII. El silencio del sueño…, *25*
IX. A veces, el silencio…, *25*
X. Me gusta la tarde en esta plaza…*26*

VUELOS

I. Aquí, los árboles aletean…, *33*
II. Las moscas se posan sobre mis
piernas…, *34*
III. Esa imposibilidad mía que te
habita…, *35*
IV. No sé qué esto que me
atraviesa…, *35*
V. No sé si es la tarde…, *37*
VI. ¿En qué se convierte un
poeta…,*39*

VII. Cuando un poeta deja de ser
poeta..., *41*

AMOR

I. Detrás de la ventana están mis sueños..., *47*
II. De toda la música..., *49*
III. Me cuido las palabras para
nombrarle...,*49*
IV. La luz de tus ojos..., *50*

POEMAS DEL FIN DEL MUNDO

I. Como un gato bajo el aleteo de la noche...,
57
II. La imposibilidad del gato..., *57*
III. Deja que mi lengua se humedezca..., *58*
IV. Tu sábana, tu colchón..., *59*
V. El gato se acuesta, se contrae..., *59*
VI. En la madrugada pasan galopando..., *59*
VII. Nunca el amor..., *60*
VIII. Aquí donde me extingo..., *60*
IX. Si para despertar..., *60*
X. Los lobos, mis hermanos..., *61*
XI. La Muerte, *61*
XII. Mutilada estoy..., *62*
XIII. Tendida estoy..., *63*
XIV. Es una hormiga enorme..., *63*
XV. Para que algo nazca..., *63*
XVI. ¿A qué has venido a estas tierras..., *64*
XVII. Esta densidad en la que me
sumerjo...,*65*

XVIII. Ocaso…, *66*
XIX. ¿Qué mejor testigo…, *66*
XX. El día amanece…, *67*
XXI. Tomo de tu aliento fresco…, *68*
XXII. Este nudo en mi pecho…, *69*
XXIII. Que no se pierda la miel de la
palabra…, *70*

CADÁVER EXQUISITO

I. La gravedad del amor…, *77*
II. Tomo de tu tristeza…, *77*
III. Soy el espejo…, *78*
IV. El sol oscuro de tu pecho…, *79*
V. Tienes el cuerpo…, *79*
VI. Cuando en el silencio…, *79*
VII. Tengo un nudo en la garganta…, *80*
VIII. Soy poeta de tu silencio…, *80*
IX. Tengo un ansia de ti…, *81*
X. Te propongo un juego oculto…, *81*
XI. No sé quién eres…, *82*

POEMAS DEL FIN DEL MUNDO II

I. Te invoco en este ritual…, *89*
II. Porque tus versos son un espejo…, *89*
III. Aquí, donde escribir…, *90*
IV. ¿Y qué hago yo, escribiendo…, *90*
V. Volar a la tierra más lejana…, *91*
VI. ¿Acaso es pecado anhelar…, *91*
VII. La poesía es la lengua…, *92*
VIII. Tiemblo ante la profunda emoción…, *93*

IX. Soy este silencio…, *93*
X. Estoy con mi vacío…, *94*
XI. Quiero escribir…, *94*
XII. Me sumerjo en el polvo gris…, 95

MULTI – VERSO

I. Soy el grito de Van Gogh…, *101*
II. Deja que te abrace…, *101*
III. Paseo a caballo por el campo…, *103*
IV. Aterrizó la imposibilidad…, *104*
V. No quiero más que una noche-
poema…,*104*

A todas las Mujeres que me habitan.

PREFACIO

Desasosegada, recorro los mundos. Mundos falsos, forjados por hombres sin esperanza, diseñados por el vacío que busca en la banalidad la manera de sucederse. Luego navego por los mundos, extasiada de dolor, abriendo redes para capturar peces muertos, anzuelos destruidos y tantos pesares náufragos en el enorme y espeso mar de la ilusión baldía.

Pero encuentro la balsa que llega suave navegando en ese mar saciado de tormenta y que me lleva en un plácido viaje a la orilla de otro río, donde cantan pájaros iluminados de sol, crecen árboles de intensos perfumes y entonces todo es calmo, todo es tranquilidad en el hábitat, donde a la poesía no se llega con la mente, sino que se comprende con el alegre corazón.

POEMAS VERDES

*"En los troncos de los árboles el verde está
tomando su color…"*

(Entre árboles y aviones – La huerta atómica.
Miguel Ríos).

I

Me ofrendaron las flores,
perfumes sin mérito.

Yo, que sólo quería
la espada desenvainar,
para salir a buscar
las flores y perfumes
a la medida de mis
                    luchas.

II

Ella y *tú*,
son el mismo
pronombre.

Uno para
nombrarte,
cuando no estás
-y estoy
enteramente
conmigo-.

Y el otro
para nombrarte,
cuando,
 -aunque
no estés-

me entrego
enteramente a ti,
y a tu ausencia.

III

Las aves viven
en las paredes de la selva;
que son altas,
pero no como las montañas;
que son fuertes,
pero no como las rocas;
que son frías,
pero no como los vientos.

Las aves viven en las paredes de la selva.

La bruma sube
abatida por la montaña:
partículas de agua
en una procesión.
Abren las montañas
para atravesarlas como un éxodo.

Moisés, quien ha venido de las aguas,
sigue abriendo caminos
para otros viajeros.

IV

Una alfombra de rosas
se esconde en lo profundo del monte.
Su imperceptible movimiento de las algas,
hace pensar en un suelo para deslizarse.

Se llena de agujeros de agua
donde saltan insectos que vibran,
generando ondas que se estrellan
con los fragmentos de palo y rosa.

En el tiempo de rumiantes y de gansos,
era una laguna donde se juntaban
el hocico y la onda para saciar la sed.

En los tiempos de los hombres,
es un agujero de musgo
y una alfombra de hongos rosa,
donde se desliza el pensamiento
para expandir su red.

V

Los niños salen
a jugar al parque
como mariposas
en el campo.

VI

El murmullo de la cascada,
como cantando canciones
para dormir al niño.

La cascada que cae con su canto de lluvia,
el aguacero perpetuo de la montaña.

No se cansa de caer, una y otra vez,
sobre el ombligo del río.
La entrañable conexión del hijo
que se expande
bajo el abrazo de su madre.

El murmullo de la cascada
que no se cansa de cantar
canciones para dormir al río.

VII

El agua cae
(aunque no guste)
para iniciar un viaje
por otro cauce.

El agua cae
(aunque no quiera)
para ayudar a crecer
a las plantas

que le reciben la caída.

VIII

El silencio del sueño
(murmullo de cascada).
Lluvia eterna de la montaña.

IX

A veces, el silencio,
es un canto triste
de pájaro.
Porque hay silencios
de otros silencios:

Hay un silencio meditativo,
que viene arrullado
por el canto de los grillos.

Hay un silencio místico,
que viene acompañado
por el aleteo
de las mariposas y los colibríes.

Y luego está el silencio acompasado,
que viene explosivo
dentro del vientre de las chicharras.

Y al final nos queda
el Silencio del Sueño:
El murmullo de la cascada.

X

Me gusta la tarde en esta plaza;
es suave y hermosa,
como una caricia en la mirada.

Las aves llegando a sus nidos,
sobrevolando la plaza
con su canto de buenas noches.

Los árboles que miran con sueño
a la fragilidad, a la luz tenue.

Y luego la noche que entra
suavecita en los pulmones,
expandiéndose por cada tejido,
transformando el cuerpo
en una partícula del cuadro,
en el que nos observa,
algún servidor de Dios.

Somos una imagen
de una vibración tan alta,
que parecemos inmóviles.

Nada está más vivo que una pintura

VUELOS

*"Vos me estás mirando y yo voy a caer
colgado en tu sien..."*

(Vuelos – Libertinaje.
Bersuit Vergarabat).

I

Aquí, los árboles aletean
en una lengua que desconozco.

Igual el viento,
igual la lluvia,
-no sé si debo llamarles así-.
No sé si son troncos y hojas,
acaso agua.

Pero las sombras
bailan bajo los faroles,
como en la ventana de mi casa.

Este es mi recurso:
El espejo que es la noche sobre los suelos,
la silueta que se refleja detrás de la luz.

Quizás no son cosas concretas.
Tal vez son monstruos
en el sueño de un niño,
o figuras geométricas
en la mente de un autista.

Aquí, puede ser todo, cualquier cosa.
Por eso, esta sensación de extrañeza,
es quizás, mi ignorada sensación
de vínculo.

Y, sin embargo, este efecto de proximidad,

rebosa en una dolorosa
sensación de orfandad.

II

Las moscas se posan
sobre mis piernas
para frotar sus paticas.

No sé si estoy muerta
o tengo la ropa sucia.

Dicen que los gatos se alimentan
de nuestra tristeza,
pero cada tanto, viene un gato
a pedirme de comer.

Y yo no tengo más que hilos
y palabras
para tejer universos inhabitados,
soledades para almas
cansadas de fantasmas y de sueños.

Baños, Ecuador; septiembre 2019.

III

Esa imposibilidad mía que te habita,
ese rayo de sol para los ojos.
Esa agua que no has de beber
esa condición de lejanía.

Esa estela en el camino
que apunta a donde estás,
pero no llego.

Esta letanía, esta plegaria que no termina
porque el milagro padece.

Me abro como pétalo para marchitar.
No sin antes que sepas
que te dejo mi perfume de los días,
mis palabras remojadas
en lágrimas de rosa.

Baños, Ecuador; septiembre 2019.

IV

No sé qué es esto que me atraviesa,
esta sensación de extrañeza:
todo parece irreal.

Todo es sueño.
No sé en qué libro navego

¿de qué historia épica me tomaron
y fui lanzada entre relatos poéticos?

¿De dónde viene este sentir intenso
de vida hacia adentro
pero ajena en el exterior?

No sé si es muerte
lo que me habita.
No sé si es sueño o locura,
este profundo sentir
sin saber nombrarlo.

Tanto me he llenado de vida por dentro
que no sé vivir hacia afuera.

Este misticismo,
esta soledad que me acompaña,
esta soledad de no saber decir
cómo es que la lluvia
bajo los faroles de la noche
me llena la mirada.

Esta soledad de observar
y no encontrar la superficie.
Esta soledad de la profundidad,
como una palabra en un empaque vacío.

¡Eso es! ¡Eso soy! Un empaque al vacío.
Sin ecos, sin sonidos, bajo la superficie,
dentro de toda materia.

Este silencio,
tan lleno de sonidos de lluvia.
Este no-escuchar
tan lleno de gotas sobre el tejado.

Este silencio tan lleno de bosque.
Esta voz tan muda.
Este quehacer de reposo.
Esta soledad tan llena de vida.
Esta quietud con tanto movimiento.
¡Este silencio! ¡Este silencio tan hondo!

Afino la mirada para escuchar la palabra
que dibuja un paisaje en el que habito.

Palora, Amazonía Ecuatoriana, octubre 2019

V

No sé si es la tarde
que baja detrás de mí
por esta calle de pálido castaño.

O mi mirada agotada de tanta luna.

Pero mi espacio en movimiento
baja cargado de una honda melancolía.

Y el viento con su ligereza,

silba acallando tu silencio,
liberando mi ansiedad de tu ausencia.

Yo, que puede ser que ahora
sea un recuerdo de la memoria olvidada,
un fantasma en el sueño de mis hijos
huérfanos.

Transcurro mi lenguaje,
en el aleteo lejano de las aves
o en el ronroneo del río.

Y entonces te busco en las ondas
que provocan los peces en sus balbuceos,
en la sed de los siervos por el río,
en la savia de los árboles.

Pero no sé si *es* esa humedad
(donde mojas tus palabras)
para aligerar mi pensamiento.

No sé si es esta soledad,
el espacio justo para habitarte.

No sé si es esta lágrima, tu rocío;
regando sueños en tierras desiertas,
donde mi eco no penetra.

Loja, Ecuador; noviembre 2019

VI

¿En qué se convierte un poeta
cuando siente que la palabra no expresa?

Cuando comprende que,
nada dentro de sí mismo
se puede nombrar.

¿En qué se convierte cuando
no sabe la medida fonética de sus latidos?

Y siente que cuanto pronuncia
es una blasfemia, una errata,
una ilusión óptica, auditiva...
de su hondo sentir.

¿En qué se convierte un poeta
cuando encuentra una mínima
semejanza en el silencio?

¿En un buceador
dentro de sus propios mares?
(aunque a veces nombre
sólo para desahogarse).

¿En un incendiario?
(aunque a veces nombre
sólo para no incinerarse).

¿En un suicida

por las dunas de sus abismos?
(aunque a veces nombre
sólo para no perder el equilibrio).

¿En un pájaro,
lejos de alguna tierra?
(aunque a veces nombre
sólo para descansar).

¿En qué se convierte un poeta
cuando tira la pluma, quema el papel,
fusila las palabras
(¡Que son fantasmas,
proyecciones equívocas,
hologramas, aparatos ficticios!)
y cierra la puerta tras de sí?

Y se acuesta en su cama,
pesado de tanto amor que alberga,
¡y que no logra, y que no puede, y que no
le es posible...!

¿En qué se convierte un poeta
cuando la palabra no le alcanza
para nombrar el *Amor*,
para llamar al *Silencio*?

VII

Cuando un poeta deja de ser poeta,
se convierte en el interlocutor de un río,
en el contador de gotas de su caudal;
en el oyente de las rocas,
en un admirador del eterno fluir.

En un impávido sentado sobre la hierba,
bejuco donde vuelan las arañas,
bailarín del viento,
ceniza de tabaco bajo el sol.

Cuando un poeta deja de ser poeta,
se convierte en un renacuajo
acurrucado sobre las rocas del río,
tocando con sus dedos al agua,
cuyas huellas se expanden
como ondas
en la eternidad de la ribera.

Cuando un poeta deja de ser poeta
(porque no le fue posible...)
se convierte en el cuenco
donde cae la lluvia
de las hojas
de los árboles del río.

En un viajero errante
por la geometría de la vida,
a quien el tiempo le pregunta:

"¿a dónde vas peregrino?"

Y él responde con su voz infantil:
"Voy a conquistar al río".

Cuando un poeta deja de ser poeta
(porque no pudo, porque no le fue
posible...)
se convierte en una semilla
bajo el bosque de los tiempos.

En un inocente testigo de la vida.

Cuenca, Ecuador; noviembre 2019.

AMOR

"Somos tú y yo en esta habitación; puedes, si quieres, llamarlo amor..."

(Llamarlo amor – Un Lugar.
Andrés Correa).

I

Detrás de la ventana están mis sueños.
Un dejo de libertad
que se extiende sobre su pelo.

Su caminar,
que es un péndulo,
entre tambores del caribe.

Detrás de la ventana
canta un pájaro en su sonrisa.
Un juguetear de manos
entre servilletas y tazas de café.

Y luego una mujer de hondas
y graves palabras,
dándole instrucciones
laborales a su jefe.

Detrás de la ventana
está la mezcla perfecta
entre juventud y madurez,
atrapada en un cuerpo,
donde sobra espacio
para albergar
todos los versos del mundo.

Una piel que, en verano,
es un pozo de agua;
y en invierno,

una cálida hoguera.

Detrás de la ventana
hay una mariposa,
que en cada vuelo
de su zigzag,
hace una salida de capullo,
que se renueva, una y otra vez,
porque no sabe dejar de nacer
en cada una de sus extinciones.

Detrás de la ventana
hay mesas, sillas,
cafeteras, tazas y bombillas.

Y una vida llena de colores
donde mi muerte,
llena de tanta vida,
se quisiera perpetuar.

II

De toda la música:
su voz.
En ella se despliegan
todas las escalas musicales.

Ni aún la sinfonía del pájaro,
la marcha del grillo
o la armonía del viento
alcanzan la orquesta
de su voz.

Y su boca,
ese telón de sus palabras:
elemento clave de su obra.
Arte infinito sin obertura
ni conclusión.

III

Me cuido las palabras para nombrarle,
porque no quiero hacer de su existencia,
errores gramaticales.

Me cuido los silencios para ausentarle,
porque no quiero hacer de sus vacíos,
certezas lingüísticas.

IV

La luz de tus ojos
en la oscuridad de mi mirada.
Brillo etéreo, luz cósmica
de tu silencio en mi pecho.

Abro mi consciencia a tu amor,
tan suave, tan tierno.
Ese amor tuyo
tan frágil en su tacto
y tan incorruptible en su esencia.

Me abro a ti
como una flor de loto
a la brisa del sol de la mañana.

Me embriago de tu néctar
que vuela en el jardín
bajo el amparo de los colibríes.

Amor, la palabra dulce
de tu infinito nombre.
Aquí estoy
como agua en tu cuenco
para regar la vida.

POEMAS DEL FIN DEL MUNDO

"Experience…"

(Experience – In a Time Lapse.
Ludovico Einaudi).

I

Como un gato bajo el aleteo de la noche,
que espera paciente la caída de las ramas,
para hacer malabares con los escombros
de la arquitectura de otras vidas.

Desnudo mi pecho de mamífero,
-cuenco de barro que alberga la brisa
cálida-,
para ser una bola de fuego
en el pico de un pájaro fantasma.

Buenos Aires, 27 de enero 2020

II

La imposibilidad del gato
es el pájaro
detrás de la ventana.

El deseo de lo etéreo,
fugaz e inconcretable,
es el camino al baile
de un vendaval de plumas.

Luego la ceniza ardiente
de un fuego extinto
bajo el sol.

III

Deja que mi lengua se humedezca
de tu nombre por última vez,
y que llore palabras
inundando el corazón del mundo.

Y que diga Incienso y se evapore el calor
del asfalto.

Y que diga Nube y se evapore la lágrima
del sol.

Y que diga Grulla y se extienda el aleteo
de las gotas.

Y que diga Remolino y se comprima en
espiral, la libertad.

Y que diga Imán y se derritan en besos,
los polos

Y que diga Dios y termine como en el
principio:

En un diluvio universal.

IV

Tu sábana, tu colchón;
esta soledad
donde mezo,
a éste, mi cadáver,
recién nacido
de ti.

V

El gato se acuesta, se contrae.
Esconde su carita bajo las patas.
Suspira hondo,
cuenta los números
con sus dedos (sus versos),
pero no le alcanza más que
para esta última línea.

VI

En la madrugada pasan galopando,
dos gatos tristes sobre la avenida de la
casa.

Corren contra la corriente del caudal del
tiempo
al patio de los pájaros y los colibríes,
para saltar desde la tierra al sol en cuatro

patas,
es decir, en cuatro alas,
y dejar pelitos meciéndose en el aire
con la ráfaga captura de
algún ave cazador.

VII

Nunca el Amor
en su paso por mi huerta
había golpeado tan fuerte
la puerta tras de sí.

Quizás habrá sido
una ráfaga de viento.

VIII

Aquí donde me extingo
y me convierto en humo o ceniza,
se incendia la palabra
en la absorción de la pupila dilatada
de un ávido lector.

IX

Si para despertar
debe dolerme el corazón:

¡Amordacen la justicia!
Y descúbranle los ojos.

X

Los lobos, mis hermanos,
aúllan
lejos en el día.
Saben de mi vientre
desnudo bajo el sol.

XI

La Muerte

Vino silenciosa,
pero con violines,
piano, trompetas y platillos.
Y se sentó frente a mi cama.
Y tocó durante varias horas
unas letanías
y otras melodías más alegres.

Y yo aplaudí
para que volviera a tocar,
esta vez toda la vida,
pero de ésta no tenía suficiente.

Entonces salió al jardín

y respiró el perfume de las flores,
el aliento de los pájaros.
Y yo le animé para que probara
los frutos del inmenso árbol
y jugara con los colibríes.
Pero ella no tenía
tiempo suficiente
para los quehaceres de un jardín.

Entonces vino y me abrazó,
porque a ella no se le puede distraer
encerrándola en
una habitación con música,
en las horas de un jardín
ni en la memoria de un poema.

XII

Mutilada estoy
de amaneceres,
que hierven
en la laguna
de la falda
de un volcán.

No pido más
que mi cuerpo
bajo la tierra,
y sobre ella
las raíces de un roble.

XIII

Tendida estoy
sobre la caricia de un gato
con espíritu
de sabueso.
Que olfatea
en mi piel,
el cadáver
de la vida.

XIV

Es una hormiga enorme
la que camina
en el borde de mis dedos.
Dejándole al azar
o al viento,
el enigma
o el destino
de su peso.

XV

Para que algo nazca
algo tiene que morir.

Y en esa unidad
de los opuestos,

ella tiene el derecho
y el deber de la felicidad.

Y aquella, otra,
tiene el derecho
y el deber de la vida.

La auténtica elección
vive y muere
en la sabiduría
y en el amor
que son el mismo espíritu.

XVI

¿A qué has venido a estas tierras,
atravesando bosques, ríos, selvas y
desiertos?

-Vine al encuentro del amor
pero se ha ido enredada con el viento
en la caída vertical del tiempo-

¿Y qué es el amor
si no ese otro nombre de
la Libertad,
la sabiduría
y el renacer a la vida?

El otro cuerpo es un reflejo

atrapado en el espejo
de la demagogia
de la falsa muerte.

XVII

Esta densidad en la que me sumerjo,
tan húmeda, tan oscura.

Esta gravedad que tira
hacia todas las direcciones,
que me expande
en esta asfixia,
llena de un lívido aire
caliente como el descenso del sol.

Esta presión sobre mi frente
que teje nudos en la garganta.
Y se extiende hasta los troncos
que cubren las cañerías,
las maderas de las canastas de las frutas;
haciendo un laberinto
en el breve espacio en que habita
mi porción de humanidad.

Buenos Aires, 28 enero 2020.

XVIII

Ocaso.
Antes de ser gato
fue Baudelaire.
Y luego poeta
-un dandy francés-.

Con el traje empolvado
de tanto amor y ronroneo,
que sembraba en el papel,
sus flores malignas
para atraer a los abejorros
que lame en sus patitas,
cuando en el pechito
se incinera su sol.

XIX

¿Qué mejor testigo
si no un árbol, de tus letanías?

Él, que observador del tiempo
y del espacio,
bajo la envergadura del paso
de mil lunas,
transmuta el corazón del mundo
(y no extenuado y satisfecho
con su deber de vigía)
arroja sobre tu rostro

las hojas de tu otoño,
sobre el asfalto de los días.

Que no quieras saberte ya más sola
en la historia de los hombres.

Camina en silencio como las hormigas
sobre la corteza del árbol.

Y lleva sobre tus hombros,
las semillas,
que han de florecer
un día
en la historia
de las civilizaciones,
que nacen y mueren
en el tronco de los robles.

Buenos aires, 07 de febrero 2020.

XX

El día amanece
en el canto del pájaro.

Luego la vida
que transcurre
en breves aleteos.

Entonces la noche

que se duerme
bajo sus alitas.

Quizás la vida no sea más que
el perpetuo ciclo
del despertar de un ave.

XXI

Tomo de tu aliento fresco
un murmullo de jazmín,
para el baile de las mariposas en el campo.

El sol atraviesa sus alas,
pasa al lado de la espiga,
golpea en el madero,
para dejar al fin
una sombra del taburete
sobre la pared.

La luz, el aire
nos enseñan
que viajando por el tiempo
y el espacio,
se re-crea la vida.

XXII

Este nudo en mi pecho,
no es mío.
Es de mi otra Yo
que está allá, al frente,
sumergida en un delirio.

Esta sensación de grito en mi garganta
no me pertenece;
es de la mujer del frente,
cuyo amor reprime en su corazón.
Yo llamo a su puerta, le miro.
Y como un rayo de luz
mi mirada le penetra.

Pero no abre, se asoma a la ventana
y vuelve adentro, a su habitación.

Se refugia bajo su manta,
toma su corazón
como una bolita de luz
entre sus manos,
la guarda, la cuida, la protege.

Entonces yo me retiro
de su puerta
y vuelvo a guardar mi corazón
que brilla y arde
en el bolsillo de mi pecho.

XXIII

Que no se pierda la miel de la palabra.
Que las abejas del pensamiento
no detengan su zumbido
buscando el polen del amor.

Que no se extinga la sutileza de los
nombres,
del aire atravesando la lengua humana.

Que no dejen de cantar los pájaros
en el bosque de las letras,
que no se acabe la primavera
en el sueño de las sensaciones.

Que no muera nunca
la magia de la Poesí

CÁDAVER EXQUISITO

"Tango, sexo, sexo y amor; tanto tango, tanto dolor".

(Cadáver exquisito – Euforia.
Fito Páez).

I

La gravedad del Amor
es la caída libre
en el laberinto del erotismo.

II

Tomo de tu tristeza
mi palabra para develarte.
Como abriéndome paso
entre tus sombras,
busco el agujero hondo
de donde emerge tu voz.

Un canto de belleza melancólica,
un gemido triste de bandoneón.

¿Dónde está la musa de los marineros?
Ebria de melancolía
entre sus rocas de ultramar.
Versando sonidos para sí misma.
Atrapada en su caparazón
de ecos y reflejos mutuos.

(Y ese sol, tímido de su propio brillo,
estrella negra sobre el celeste).

Yo también vengo de la soledad,
de las cenizas, del silencio

de la ausencia.
De los jardines donde
brotan bellotas negras
que se abren ante la fría
humedad del rocío.
Y se expande, crece y se humedece,
como los labios ebrios de vino tinto.

Pero los ojos oscuros de la noche
habitan nuestro rostro
para iluminar la luna.

III

Soy el espejo
donde reflejas tu sombra.
El punto de fuga
donde disparas tus miedos.

Nadie va a la luz
sin transitar su oscuridad.

Como Virgilio:
tomo tu mano para caminar
por los infiernos
de tu divina comedia.

Soy el coro del mar
cantando a los miedos
que preceden a tu grandeza.

IV

El sol oscuro de tu pecho
sobre dos colinas nevadas.

(Volcanes urgentes de erupción).

Brotan de tu corazón de fuego
por la tierra de mi valle.

V

Tienes el cuerpo marcado de mi tinta,
que en otro tiempo fueron
palabras de papel.

Hoy tu cuerpo es el libro
donde, con mi lengua,
traduzco mis heridas,
como marcas imborrables en tu ser.

VI

Cuando en el silencio
pronuncio tu nombre,
se lee en mis labios
la palabra *melancolía*.

Entonces la soplo como el humo

que escapa hacia tu boca
para avivar el fuego
que incinere nuestras almas rotas.

VII

Tengo un nudo en la garganta,
que espera anhelante,
ser desenredado por tu lengua;
y que hilvane ese hilo dorado
en el nudo ardiente de tu pecho.

VIII

Soy poeta de tu silencio,
oradora de tus gemidos,
traductora de los versos
de tus labios.

Soy tu palabra innombrable,
tu secreto encriptado
en la pulsión vibrante de tu sexo.

Abre la válvula de escape
y riega sobre mis tierras,
tus ríos de fuego.

IX

Tengo un ansia de ti,
de tu sabor ardiente
quemándome la lengua.

Tengo el ansia
de la Libertad de un preso.
La sed centelleante de beber
de tus ríos de fuego.

X

Te propongo un juego oculto.
Un juego donde puedas esconderme
en un rincón de tu inmoralidad.

Te propongo una fiesta de máscaras
donde ocultar nuestros secretos
de palabras húmedas
de vino tinto.

Un juego de sombras
detrás de las velas.
Una escapada de gatos
Sobre el tejado de la noche.

XI

No sé quién eres,
pero requiero el calor de tu piel.
Tu contacto sobre mi espalda,
un breve lamido de gato
sobre la herida de mi pecho.

No debes tener un rostro,
tampoco un corazón.
Sólo tu sed de humedad.
Tu lengua ardiente
perforándome las venas.

De ti, sólo tu estanque
para mi ansia de venado
sin depredador.

No preciso tu nombre,
aunque requiero
llamarte de algún modo
para aplacar mis tardes de ceniza.

Déjame con mi soledad de alma,
que me basto;
pero ven a calentar el colchón
con tu piel de fuego
y las palabras que la encarcelan.

No requiero de ti
más que beber la larva

de tu volcán.
Puedes contarme
de dónde vienen las angustias,
y mojar mi nicho con tu soledad.

Pero no nos cobijemos
más que la piel y el alma,
que el amor es propio
y cada cual lo conserva a su manera,
sin tener que envenenarse
con un amor ajeno.

POEMAS DEL FIN DE
DEL MUNDO II

"Tal vez allá en la infancia, su voz de alondra,
Tomó ese tono oscuro de callejón"

(Malena – TangoEnVivo.
Adriana Varela).

I

Te invoco en este ritual
de conjugar melancolías
para que me lleves de tu mano
a compartir nuestros infiernos.
Como Virgilio, guiando
la demencia a la soledad.

Te invoco para que me enseñes
a nombrar lo que no se puede decir
con Palabras de este mundo.

Ni con aullidos ni con sollozos.

Sino, tal vez,
con el silencio
de la poesía.

II

Porque tus versos son un espejo
para mis gemidos.
Y tu palabra incendiada,
el calor para mi pecho
-acongojado de inviernos-.

¿Dónde estás, Alejandra,
si no en las ruinas de mi tinta?
En los huesos que quedan

luego de la pesadez del amor.
En el silencio del silencio:
Guarida de la poesía.

III

Aquí, donde escribir
es dibujar tu rostro.
Y el suspiro y el vacío,
un hondo lamido
a tu corazón.

IV

¿Y qué hago yo, escribiendo
mis penas a una muerta?

Porque solo los muertos
comprenden mi lenguaje,
y aspiran extasiados
el aroma de mi soledad.

Como un banquete de ausencias
donde devoramos los huesos,
las sobras de nuestras falsas victorias,
las alegres melancolías.

V

Volar a la tierra más lejana.
Donde gozan mis amigos,
los fantasmas.
Mutilados por el tiempo.

Los soñadores, aspirantes
a vidas más austeras.
Amantes de la belleza,
del arte de lo innombrable,
de lo que no es de este mundo.

¿Dónde estás, Alejandra?
¿Cómo llego a la tierra más lejana?
La tierra que no es tierra,
La más ajena.

El no lugar, el no lugar, el no lugar.

VI

¿Acaso es pecado anhelar
lo que no puede ser vivido?

Si el pecado es el dolor
de lo que vive y no puede cometerse:
El dolor de la imposibilidad.

La mirada romántica

es saborear lo que no es humano,
que está por encima de esta condición.

Anhelo mi abstracción,
Mi fantasma, mi no ser,
Mi no-yo, mi atemporal.

Anhelar lo sobrehumano.

Simplemente no soy de este mundo.

VII

La poesía es la lengua
que lame la espina dorsal.
El colmillo sobre la garganta,
resonando en las cuerdas vocales
de nuestra lira humana.

El explotador de gemidos
en una frenética armonía de compases.

El sonido de la gota de agua
sobre la hierba,
humedeciendo
las tierras secas del espíritu.

VIII

Tiemblo ante la profunda emoción
de no poder amar
más que a mi propio espíritu.

Tan desconocido y volátil,
extranjero de mí.

Soy el canto herido
de la caída de mi vuelo,
arrastrándose con palabras
sobre la tierra que me contiene.

IX

Soy este silencio.
Esta herida de mi voz.

No comprendo
mi lenguaje de extranjera
en la geografía
de esta piel que habito.

No me reconozco
Pero sé que soy Yo:
lo innombrable,
mi deseo, mi pérdida
Y mi dolor.

X

Estoy con mi vacío.
Vaciándolo, llenándolo.
Perdida entre sus átomos.

Soy la canción triste.
El grito del dolor.

Soltar la mano
y tomarse el corazón.

XI

Quiero escribir,
pero me salen lágrimas de tinta.

Y este papel:
el tejado que recibe
a mi lluvia.

Y adentro yo,
escuchando a mi herida,
dormir a los sueños
en paz.

XII

"Yes, I have ghosts"
David & Romany Gilmour.

Me sumerjo en el polvo gris
de días bañados de luz,
donde el amor vibraba
entre cantos de pájaros tristes.

Desayuno melancolía
detrás de las rejas de la casa,
que habita mi hogar de 1.70mts y 60 kilos.

Me arrullo en el colchón
de cuerdas de violín,
que gimen un dolor
lejanamente humano.

Encuentro mi luz de sombra,
mientras un sol distante calienta
el otro rincón del mundo.

Canto baladas al vacío.
Pero los ecos sólo saben cargar
lamentos de otro mundo.

Buenos Aires, invierno del 2021.

MULTIVERSO

I

Soy el grito de Van Gogh
atrapado en el vaivén de una pintura.

La angustia del mundo
Invisible y silenciosa.

Nada escucha fuera del arte.
Fuera de los focos de óleo.

Soy la música de una noche estrellada,
el recorrido silencioso de una estrella
(o su crecimiento:
su futura muerte,
que es su nueva forma de vivir).

Nadie sabe, aunque intente,
esta soledad-costumbre de perderse
en el laberinto.

II

Deja que te abrace
y así saber
cómo es abrazar el océano.

Tú, que tienes al sol
y a la luna en el agua,
acércate;

porque quiero sentir
cómo es abrazar al mar,
con sus olas y sus playas.

Con sus peces de colores
en la superficie,
Y sus monstruos marinos
en la profundidad.

Déjame abrazarte
con tus barcos a la deriva,
y sus náufragos llenos
de sal en los pulmones,
y sus noches de pescadores
bajo la tormenta.

Déjame abrazarte
y sentir las mareas arrastradas
por tu propia luna.
Y contener
entre mis brazos
un planeta entero,
donde hay pruebas
de existencia de vida.

Déjame abrazarte
y saber con ello,
cómo se siente
amarrar en mis brazos
y guardar en mi pecho,
el principio de la vida.

III

Paseo por el campo
con la noche y sus espejismos.
Y las musas que habitan
la melancolía de los huertos.

El polvo de las sillas de montar,
los colibríes
detrás de las ventanas de las casas.

Una estufa de leña crepitando
a lo lejos,
más allá del viento.

El barro cayéndose
a pedazos de la memoria.
(no sé si se me cae la memoria,
o es la pared de la habitación
de la cabaña,
donde con los primos
jugábamos a la gallina ciega).

El calor de la madera,
la radio,
la mecedora donde
me senté a leer en la noche.

El calor dentro del invierno del campo.
La soledad de la casa inhabitada.
La soledad de la casa derrumbada.

La soledad de la tierra.

IV

Aterrizó la imposibilidad,
que habitaba en el pájaro
detrás de la ventana,
en la mirada de los gatos.

Ahora flota en mi mirada felina,
detrás de los escombros
del fin del mundo.

Habré de viajar entre la ruina
a recuperar el fuego
que hará de mi espíritu, la ceniza.

V

No quiero más que una noche-poema
y una palabra ardiendo como una hoguera
sobre mi corazón de hielo.

No quiero más que una canción,
volando por la extensa gruta
que es este gusano de tiempo
donde no me canso de parir-morir.

Quiero el filo de la noche

danzando sobre mi espalda.
Y la luna espiando entre los arbustos,
la consumación de un verbo
que suene parecido al *Amor*.

www.ingramcontent.com/pod-product-compliance
Lightning Source LLC
LaVergne TN
LVHW091606170726
843492LV00007B/2279